AF253778

RAPPORT

PRÉSENTÉ

A MONSIEUR LE CONSUL GÉNÉRAL DE FRANCE

A LA HAVANE

à propos de l'expiration du traité franco-espagnol
de 1882

PAR MESSIEURS

Maurice DUSSAQ

Président du Comité consultatif du Commerce français

Laurent BRIDAT

Conseiller du Comité consultatif du Commerce français

ACCEPTÉ PAR LE COMITÉ

en sa séance extraordinaire du 21 mars 1890

BORDEAUX

IMPRIMERIE G. GOUNOUILHOU
11, RUE GUIRAUDE, 11

—

1890

RAPPORT

PRÉSENTÉ

A MONSIEUR LE CONSUL GÉNÉRAL DE FRANCE

A LA HAVANE

à propos de l'expiration du traité franco-espagnol
de 1882

PAR MESSIEURS

Maurice DUSSAQ

Président du Comité consultatif du Commerce français

Laurent BRIDAT

Conseiller du Comité consultatif du Commerce français

ACCEPTÉ PAR LE COMITÉ

en sa séance extraordinaire du 21 mars 1890

BORDEAUX

IMPRIMERIE G. GOUNOUILHOU
11, RUE GUIRAUDE, 11

—

1890

La Havane, le 22 mars 1890.

MONSIEUR LE CONSUL GÉNÉRAL,

J'ai l'honneur de vous remettre le rapport que vous avez demandé à notre Comité par votre lettre du 12 février dernier, qui nous communiquait en même temps la circulaire de M. le Ministre des affaires étrangères demandant les renseignements que nous pourrions fournir à l'occasion de l'expiration du traité franco-espagnol de 1882, en vue de son renouvellement éventuel.

L'absence d'un questionnaire concret nous a obligés à nous étendre plus que nous n'aurions souhaité le faire, et sans doute trouverez-vous dans ce document bien des longueurs inutiles.

Ses auteurs ne s'en dissimulent d'ailleurs pas les nombreux défauts; ils sont imputables à leur insuffisance et non pas, croyez-le bien, à un manque de bonne volonté de leur part.

Vous aurez, Monsieur le Consul général, à compléter ce rapport, prenant ainsi la plus lourde part de la tâche imposée par M. le Ministre des affaires étrangères, de l'accomplissement de laquelle l'honneur vous restera tout entier.

Tel qu'il est, nous sommes heureux de vous en faire l'hommage, comptant sur votre indulgente bienveillance pour vous incliner à n'y voir qu'une preuve de notre très vif désir de vous être agréables.

Daignez agréer, Monsieur le Consul général, avec les assurances de notre entier dévouement, celles de notre respectueuse considération.

Pour le Comité consultatif
du Commerce français à la Havane :

Le Président,
DUSSAQ.

Extrait du procès-verbal de la séance du Comité consultatif du Commerce français à la Havane du 16 février 1890.

. . . .

Le Secrétaire donne lecture d'une lettre de M. le Consul général remettant au Comité une circulaire de M. le Ministre des affaires étrangères, qui demande des renseignements en vue du renouvellement éventuel du traité franco-espagnol de 1882.

L'Assemblée nomme une Commission chargée de présenter un rapport à cet effet. Cette Commission se compose de :

> MM. Dussaq, *président.*
> Bridat, ⎱
> Cotiart, ⎰ *conseillers.*
> Marquette, *membre du Comité.*

Pour copie conforme :

Le Secrétaire,

J. GOHIER.

———

Extrait du procès-verbal de la séance du 21 mars 1890.

M. le Consul général ouvre la séance et dit qu'il va être donné lecture du rapport fait par MM. Dussaq et Bridat, rapporteurs, et accepté par la Commission, qui le soumet à son tour à l'approbation du Comité.

Le Secrétaire donne lecture du rapport, qui est accepté à l'unanimité par l'Assemblée.

Pour copie conforme :

Le Secrétaire,

U. BORDENAVE.

RAPPORT

Pendant longtemps le régime auquel étaient soumises les colonies espagnoles différait tellement de celui en vigueur en Espagne, que la plupart des lois qui les régissaient leur étaient spéciales. L'ancien code, dit *Ley de Indias*, était l'expression de cette législation particulière; l'esclavage existant aux Antilles leur créait une manière d'être à part qui la rendait nécessaire, et elle devait refléter les exigences de l'institution dont elle provenait.

La plus grande conquête de l'époque actuelle est certainement l'abolition de l'esclavage; commencée par la prohibition et la poursuite de la traite, continuée par l'affranchissement du ventre, puis par la loi de 1880, elle est devenue définitive en 1887 par la suppression du patronat.

Dès lors, l'organisme social des colonies se trouva profondément modifié, le dualisme existant entre elles et leur métropole disparaissait, la législation ancienne devenait un anachronisme, et une jurisprudence nouvelle, appropriée à l'ordre nouveau, s'imposait impérieusement.

Il n'était cependant pas nécessaire d'édicter de nouvelles

dispositions pour satisfaire aux besoins nouveaux, il suffi-
sait d'étendre aux pays d'outre-mer celles de l'Espagne
continentale, en un mot il fallait simplement assimiler
entre eux les divers éléments de la monarchie qu'aucune
différence organique ne divisait plus désormais.

Cette assimilation est presque un fait accompli aujour-
d'hui, quelques points de détails restant seuls à régler
encore ; l'Espagne répudie pour Cuba et Porto-Rico la
dénomination de colonies si longtemps employée, et elles
sont devenues des provinces du Royaume au même titre
que la Catalogne ou l'Andalousie.

Étant donné ce qui précède, il est naturel que les
traités passés entre l'Espagne et les autres États se ressen-
tent de l'ordre de choses si heureusement disparu, leur
conclusion remontant, pour beaucoup d'entre eux, à une
époque antérieure à l'abolition. Leurs effets, en ce qui se
rapportait aux colonies, souffraient de l'état d'exception
de celles-ci, au détriment de nos nationaux qui y rési-
daient ; ils étaient surtout faits en vue de l'Espagne
proprement dite, et à moins de stipulations précises du
contraire, et pour un petit nombre de leurs articles
seulement, ils ne s'étendaient pas au delà.

Une preuve évidente de ce que nous avançons est la
Convention consulaire de 1862, encore en vigueur par
tacite reconduction. Un grand nombre de ses bénéfices
ne s'appliquent pas aux Français résidant à Cuba. Nous
n'en citerons qu'un exemple parce qu'il est le plus
frappant, en ce qu'il consacre, pour ainsi dire, dans bien
des cas, le déni de justice : l'article 2, qui assure à nos

compatriotes habitant l'Espagne le libre accès aux tribunaux, ne nous est pas applicable; nous sommes soumis à la caution *judicatum solvi,* et le chiffre généralement fixé pour cette caution étant de vingt mille francs, on voit combien de nos nationaux, la plupart peu fortunés, ont les moyens de satisfaire à cette nécessité et, partant, d'obtenir justice.....

Le traité du 6 février 1882, qui va bientôt expirer, est déjà un progrès sensible sur la convention précitée, et il fait disparaître la déplorable exception que nous venons de signaler. Cependant sur les trente-trois articles qui le composent, cinq seulement, les articles 2, 3, 4, 5 et 6, sont extensibles aux Antilles.....

Quelle raison peut-il y avoir aujourd'hui pour que nous ne bénéficiions pas de ses autres prescriptions d'équité si générale, notamment de celles contenues dans les articles 1, 7, 8, 13, 17 et 18?

Si le gouvernement de la République renouvelle le traité de 1882, il est indispensable que ses négociateurs n'oublient pas leurs compatriotes des Antilles. Il faut que ces restrictions surannées disparaissent; il faut que ces limitations aux territoires d'Europe des bénéfices accordés par conventions réciproques, soient évitées soigneusement, en dehors des nécessités purement géographiques. Nous avons besoin de plus de protection peut-être que nos compatriotes résidant en Espagne, parce que nous vivons dans un pays plus agité, et où, en raison de son éloignement, l'heureuse influence de la civilisation française se fait moins sentir.

En dehors de ces raisons de haute justice, il en est d'autres que, pour être d'un ordre moins élevé, le législateur ne doit pas perdre de vue.

La population et la richesse, malgré bien des causes d'appauvrissement, des possessions espagnoles d'Amérique leur donnent, au point de vue de l'industrie et du commerce français, une importance proportionnellement plus grande que celle de l'Espagne, surtout pour l'exportation de nos produits.

Pour se faire une idée de ce qu'est l'île de Cuba, il suffit de remarquer qu'avec une population de 1,600,000 habitants, elle a un budget particulier de $ 25,000,000 (125,000,000 de francs), et qu'autrefois ce budget s'est élevé à $ 45,000,000 (225,000,000 de francs).

Les États-Unis sont si pénétrés de cette importance de Cuba, qu'elle est la cause déterminante de toutes leurs négociations avec l'Espagne et notamment des efforts qu'ils ont faits il y a quelques années pour conclure un nouveau traité de commerce plus étendu que ceux qui existaient. C'est exclusivement en vue de leurs relations avec Cuba et Puerto-Rico qu'ils ont pris l'initiative de la convention de 1884 qui a aboli le droit différentiel de pavillon, convention dont nous avons profité par extension, au grand avantage de notre marine marchande et de notre commerce en général.

Les produits français sont préférés, à Cuba, à tous les autres, et si cette source, jadis abondante, de profits pour la France est tarie, les exceptions que n'a pas su éviter le traité de 1882 y ont puissamment contribué. Elles ont permis que nos vins et spiritueux fussent frappés, à l'exclusion de ceux du pays, d'un droit de consommation prohibitif, et fait que les 20,000 tonnes de marchandises qu'exportait annuellement Bordeaux pour la Havane seulement, se réduisent à des expéditions insignifiantes, qui, bientôt, s'arrêteront complètement.

Cet inique droit de consommation a déjà fait l'objet de trop de dépêches pour que nous nous y arrêtions longuement; nous nous bornons à les rappeler à l'attention de qui de droit (A).

Nous donnons ci-dessous un tableau de cette taxe, et une indication de ses rapports proportionnels au coût d'origine des articles frappés. Il est superflu d'ajouter qu'elle est en dehors des droits d'importation proprement dits, qui représentent souvent plus de cent pour cent de la valeur originelle des marchandises (B).

(A) Voir : lettre du 13 juin 1889, du Comité consultatif à M. le Consul général de France (Annexe n° 1).

Rapport du 29 juin 1889, de M. le Consul général de France à Son Excellence M. le Ministre des affaires étrangères.

(B) Ce droit de consommation, créé pour augmenter les recettes douanières, a eu un résultat tout différent de celui qu'on en attendait. Il a créé la concurrence locale qui n'a à acquitter qu'un insignifiant droit de patente et annule les importations. Voir annexes 1 et 2, et le mémoire adressé par M. Maurice Dussaq à Son Excellence le général Salamanca, gouverneur de l'île de Cuba (Annexe n° 2).

TABLEAU DES DROITS DE CONSOMMATION

GREVANT LES VINS ET SPIRITUEUX A LEUR IMPORTATION A CUBA.

COUT MOYEN D'ORIGINE l'hectolitre	DÉSIGNATION DES ARTICLES	L'HECTOLITRE		QUANTUM par rapport à leur valeur originelle moyenne
		Piastres	Francs	
Francs	**Liqueurs**			
300	Anisette en bouteilles..........	18	90	30 p. c.
700	Chartreuse —	18	90	13 —
300	Curaçao —	18	90	30 —
150	Absinthe —	18	90	60 —
300	Crèmes —	18	90	30 —
30	Genièvre en fûts..............	15	75	250 —
50	— en bouteilles........	22	112.50	225 —
	Alcool (eau-de-vie industrielle)			
60	en fûts.................	20	100	167 —
100	— en bouteilles	30	150	150 —
100	Cognac et rhum en fûts........	16	80	80 —
240	— en bouteilles...	24	120	50 —
35	Bière et Porter en fûts........	7	35	100 —
70	— en bouteilles....	10.50	52.50	75 —
55	Vins ordinaires en fûts........	2 50	12.50	23 —
120	— en bouteilles ...	3.75	18.75	16 —
	Vermouth (Étoile et similaires)			
70	en fûts.............	2.50	12.50	18 —
120	— en bouteilles	3.75	18.75	16 —
100	Vins fins en fûts..............	10	50	50 —
155	— en bouteilles	15	75	48 —
100	Vermouth Noilly Prat en fûts...	10	50	50 —
155	— en bouteilles.	15	75	48 —
100	Amers en fûts.....	10	50	50 —
155	— en bouteilles	15	75	48 —
750	Champagne en bouteilles.......	15	75	10 —

Les anomalies que présente le tableau ci-dessus se prêteraient à bien des commentaires, en dehors même du vice originel que nous avons indiqué, mais la simple lecture de la dernière colonne les rend tellement évidents que nous préférons nous en abstenir.

Sans nous arrêter davantage aux regrettables lacunes du traité de 1882, nous allons procéder à l'examen d'une autre question d'un intérêt également primordial. Le manque de statistiques, qui font complètement défaut dans les administrations espagnoles d'Amérique, nous oblige malheureusement à procéder ici par voie de simples affirmations. Mais il est indéniable que de nombreuses maisons françaises existaient autrefois à Cuba, qui ont peu à peu disparu, et les rares qui restent encore ont vu diminuer leurs affaires dans des proportions considérables. Il est également certain que de nombreux navires étaient constamment en charge pour la Havane, au Havre, à Bordeaux et à Marseille, où ne se fait plus aujourd'hui un seul chargement complet pour ce port (¹).

La Chambre de commerce d'exportation et la Chambre syndicale des commissionnaires en marchandises de Paris, les Chambres de Bordeaux, du Havre et de Marseille pourraient, nous n'en doutons pas, donner d'instructifs renseignements à ce sujet et présenter des tableaux comparatifs des exportations françaises à Cuba pendant les vingt dernières années, qui confirmeraient sûrement ce que nous avançons.

Les tissus de toutes espèces, la bonneterie, la soierie, la mercerie, la papeterie, l'article de Paris, la brosserie, la bijouterie, la gainerie, la parfumerie, la quincaillerie,

---

(¹) Ces navires étaient indépendants des lignes régulières de vapeurs qui fonctionnaient il y a dix ans comme aujourd'hui et qui seules subsistent, bien qu'ayant vu considérablement diminuer leurs transports de marchandises françaises.

la ferronnerie, la droguerie, les conserves et pâtes alimen-
taires, les produits pharmaceutiques, les vins et spiritueux, etc., etc., étaient jadis un élément de transactions
entre la France et l'île de Cuba, qui s'élevaient annuellement à un chiffre voisin de cent millions. Ces transactions
ont graduellement diminué jusqu'à l'insignifiance et ten-
dent à disparaître totalement dans un avenir prochain, par
suite d'une évolution du régime douanier antillan, auquel
notre Gouvernement ne semble pas avoir pris garde.

Bien que dans le traité de 1882 les parties contractantes
n'aient pas arrêté de tarifs douaniers conventionnels pour
leurs possessions d'outre-mer, il n'est pas douteux qu'un
esprit quelconque d'équité internationale n'ait présidé à
la formation de ceux qu'elles ont respectivement établis,
et cet esprit émanait sans doute de celui qui avait présidé
à la conclusion de leur traité. Chacune des deux parties
avait le droit de vouloir assurer à ses produits nationaux
une raisonnable protection dans ses colonies. Nous donnons ci-après (Annexe n° 3) un tableau comparatif du
tarif B du traité de 1882 avec le tarif cubain alors en
vigueur à Cuba. Nous ne pouvons admettre, sans faire
injure aux plénipotentiaires français, qu'ils ignorassent
ce tarif.

Laissant à d'autres le soin de juger si l'Espagne n'outre-
passait pas les limites équitables du droit de protection
dont nous venons de parler, nous nous bornerons à faire
observer qu'elle frappait différentiellement ses produits
et les produits étrangers sur la base de UN contre TROIS,
en d'autres termes, que les articles espagnols jouissaient

d'un avantage de DEUX CENT pour CENT des droits d'importation.

Nous croyons que cette différence était l'extrême limite de ce qu'un gouvernement soucieux des intérêts de ses nationaux pouvait admettre de la part d'une nation amie... Tout ce qui irait au delà pourrait être considéré à bon droit comme une exclusion délibérée, et nous ne pouvons croire que le Gouvernement de la République puisse, en ce qui le concerne, accepter un semblable ostracisme.

Or, une loi du 6 mai 1882, c'est-à-dire postérieure seulement de trois mois à la conclusion du traité, mise en vigueur le 1er juillet de la même année, décrétait le cabotage entre l'Espagne et Cuba (sans réciprocité, d'ailleurs, pour cette dernière), par la suppression graduelle en dix ans des droits de douane grevant les produits péninsulaires à leur arrivée dans l'île.

Étant donnée l'importance du marché cubain pour les produits français, ne sommes-nous pas fondés à considérer cette loi comme une surprise et comme une violation, sinon de la lettre, au moins de l'esprit du traité d'alliance commerciale conclu trois mois plus tôt? La France l'eût-elle signé le 22 février sans faire de réserves, si elle eût soupçonné cette loi du 6 mai, alors en travail de gestation, qui portait un si terrible coup à son commerce? Il est raisonnablement permis d'en douter, et ce rapprochement de dates autorise des conjectures peu favorables à la bonne foi de l'une des parties (1).

(1) Le cabotage demandé par la Catalogne et inconsidérément accepté par l'île de Cuba a été ruineux pour elle. Elle a un budget spécial

La loi du 6 mai 1882 aura reçu son complément d'exécution le 30 juin 1891 et, à cette date, les produits espagnols entreront en franchise à Cuba.

Si, comme nous le disions, un esprit d'équité amicale pour les nations avec lesquelles la liaient les traités avait eu une part dans l'établissement des tarifs largement protecteurs que l'Espagne avait adoptés pour ses colonies en 1882, il eût fallu, pour rester dans cet esprit, que les droits grevant les produits étrangers fussent diminués parallèlement, autrement dit, qu'en juillet 1891, alors que les produits espagnols entreraient en franchise, les étrangers ne payassent plus que la différence existant en 1882 entre les droits des marchandises des deux provenances, soit les deux tiers de ce qu'ils payaient à cette époque.

Non seulement rien de semblable n'a eu lieu, mais les seules modifications adoptées ont consisté à élever les droits de certains articles, en les doublant quelquefois, comme, par exemple, pour les genièvres et les cognacs.

On comprend donc combien il est urgent pour les intérêts généraux français que lors de la rédaction du prochain traité, si elle a lieu, avant même, si c'est pos-

aux besoins duquel elle doit seule pourvoir. L'établissement du cabotage supprimait une de ses principales recettes, parce que les produits espagnols, qui ne paient depuis 1882 que des droits successivement diminués et ne paieront rien en 1892, ont, par cette même raison, presque annulé les importations étrangères. En réalité, l'île de Cuba protège l'industrie espagnole à ses dépens et sans nulle réciprocité. C'est une exploitation qu'elle commence à reconnaître et contre laquelle quelques protestations s'élèvent déjà. Il n'est pas à croire qu'elles seront écoutées.

sible, les tarifs douaniers des Antilles soient soigneusement étudiés, car il n'est pas admissible que le Gouvernement de la République néglige, dans une convention
avec un État quelconque, une partie aussi considérable
des transactions que la France peut y faire.

Nous joignons ci-après un exemplaire des tarifs généraux des douanes cubaines *(Arancel)* (Annexe nº 4).

Comme si les préjudices directs causés par l'injuste
régime contre lequel nous ne saurions assez hautement
protester, ne suffisaient pas à assurer la ruine à bref délai
du commerce français à Cuba, les maux indirects qui en
résultent aggravent encore ce fâcheux état de choses.

Le besoin de satisfaire la prédilection des Cubains pour
les marques françaises et les prix exorbitants auxquels
les font revenir les tarifs actuels, par comparaison à ce
que coûtent les articles similaires venus d'Espagne, ou
fabriqués dans le pays (ceux-ci n'acquittant ni droit d'importation ni droit de consommation), sont un puissant
encouragement aux falsifications les plus éhontées, aux
imitations les plus frauduleuses, et, ainsi qu'a pu s'en
assurer dernièrement l' « Union des Fabricants » que le
Ministre pourra utilement consulter, nous n'hésitons pas
à affirmer que dans peu de pays au monde cette industrie néfaste a pris une extension aussi grande qu'aux
Antilles espagnoles, où, par ailleurs, l'administration de
justice laisse tellement à désirer, qu'il est presque
impossible d'obtenir sa répression.

Pour cette raison, dans le cas du renouvellement du
traité, la protection des marques devra faire l'objet de

mentions spéciales que les progrès de la jurisprudence en la matière rendraient inutiles en Europe, mais qui sont indispensables ici. Malgré la loi du 21 août 1884 sur la propriété industrielle, et la convention de Berne du 20 mars 1883, les tribunaux cubains ne sont pas encore arrivés à admettre que l'aspect général, pas plus que l'emploi d'UN SEUL des signes distinctifs d'une marque déposée constituent un délit. Ils n'ont qualifié comme tel jusqu'à présent que les falsifications absolues.

Nous avons fait allusion à la sollicitude toute particulière des États-Unis pour leurs relations commerciales à Cuba, sollicitude bien faite pour ouvrir les yeux du Gouvernement français. Nous avons également mentionné la Convention de 1884 dont la clause de la nation la plus favorisée nous a donné les bénéfices ; il serait très regrettable que la dénonciation du traité de 1882 vînt nous en priver.

Cette convention a détruit en partie le monopole des transports qui existaient antérieurement en faveur de la marine espagnole et, en créant la concurrence, elle en a abaissé le coût au profit de nos marchandises. D'un autre côté, elle a ouvert à notre marine des ports qui lui étaient virtuellement fermés et les Chambres de commerce maritimes de France, ainsi que nos grandes Compagnies de navigation pourront, mieux que nous, faire ressortir les graves inconvénients qu'il y aurait à revenir au régime ancien.

Il y a cependant lieu de demander davantage, mais nous ne nous y arrêterons pas ici, car l'on trouvera à la suite de ce travail un mémoire spécial sur cette intéressante question. Nous en sommes redevables à notre compatriote M. Laurent Bridat, agent de la Compagnie générale transatlantique.

Sa compétence en la matière donne une importance toute spéciale à ses observations, qui ne pourraient que perdre de leur clarté à ne pas être intégralement reproduites.

Les commerces anglais, belge, allemand, américain souffrent au même titre que le nôtre des tarifs douaniers antillans. Nous croyons qu'une action commune entre les diverses puissances intéressées obtiendrait aisément une modification à la funeste situation actuelle, modification d'autant plus urgente que les tendances d'union pan-américaine qui se manifestent depuis quelque temps semblent devoir réduire dans des limites inquiétantes le commerce européen de ce côté-ci de l'Atlantique, et, en présence de cette menace, ce serait une faute grave que de négliger les moyens d'en assurer la continuation fructueuse sur ces marchés, bientôt les seuls à lui rester ouverts.

Un puissant argument à faire valoir est que beaucoup des mesures que nous avons signalées pour en demander la réforme n'ont pas produit les augmentations de recettes qu'on en attendait, seul et unique but poursuivi par l'Administration espagnole toujours aux abois et ont été, au contraire, ainsi que nous l'indiquons dans les notes A et B (page 9), préjudiciables aux intérêts cubains et aux nécessités budgétaires.

2

Le cabotage donne lieu à des combinaisons dans lesquelles des intérêts privés peuvent trouver leur compte, mais qui lèsent gravement les intérêts généraux des provinces ultramarines; des marchandises que l'Espagne ne produit pas, ou qu'elle produit seulement en quantités insuffisantes à ses besoins, vont se nationaliser, dans la péninsule, par le paiement de droits d'importation, et nous parviennent ensuite en franchise comme produits de provenance espagnole. Dans les années fréquentes où les récoltes manquent en Castille, les farines et les blés américains sont expédiés des ports des États-Unis à Santander et renvoyés aux Antilles comme produits péninsulaires, *et hoc genus omne.*

On voit combien un pareil système est onéreux, sans que les préjudices qu'il entraîne offrent la moindre compensation; contre lui protestent tous les éléments sensés du pays qui demandent depuis longtemps la disparition des tarifs différentiels, afin de pouvoir s'approvisionner des articles qui lui sont nécessaires aux sources mêmes de leur production.

Sans nous dissimuler l'insuffisance de ce travail, nous croyons y avoir exposé un grand nombre des inconvénients de l'état actuel de nos relations avec l'Espagne, et, la majeure partie des desiderata à ne pas perdre de vue dans la rédaction du nouveau traité s'il s'effectue.

Si des nécessités d'économie générale, que nous ne pouvons apprécier, s'opposaient au renouvellement d'un traité commercial, il y aurait urgence à procéder immédiatement à la conclusion d'un accord qui assure aux

Français résidant à Cuba et Puerto-Rico les garanties générales qui leur sont indispensables et que la convention de 1862 est insuffisante à leur donner, par suite des nombreuses omissions que nous avons signalées en commençant, omissions qui sont incompatibles avec les notions modernes du droit individuel.

Si parfois des circonstances spéciales s'opposent à la reconnaissance de ce droit, il n'en est pas ainsi heureusement entre deux nations ayant, comme la France et l'Espagne, tant d'intérêts communs et d'affinité de race pour les réunir, en même temps que si peu de motifs de rivalité et de défiance pour les diviser.

Tous droits et obligations politiques et militaires réservés, il n'y a pas de raison pour que les Français sur tous les territoires espagnols et, réciproquement, les Espagnols sur tous les territoires français, ne jouissent pas des mêmes prérogatives que les nationaux, et c'est ce que le nouvel instrument devra clairement établir, car tout ce qui n'est pas positivement stipulé peut donner lieu à des contestations qu'il importe de prévenir.

A cet effet, il convient de relever dans les traités existants les avantages acquis en vertu de la clause de la nation la plus favorisée et les mentionner dans le traité à intervenir.

Il se trouve dans ces documents des stipulations sur les attributions consulaires qu'il importe de conserver, telles que le droit d'assister leurs nationaux en justice, soit directement, soit par délégation. Nous ne pouvons rien perdre à accorder cette prérogative aux Espagnols en

France, et des faits récents en ont démontré l'utilité ici où elle a pu être revendiquée en vertu de l'article 11 du traité de 1878 entre l'Espagne et le Brésil.

- Il est inutile de continuer et nous nous arrêtons, laissant avec confiance à la sollicitude du Gouvernement de notre pays le soin de défendre des intérêts dont la haute importance ne saurait lui échapper.

M. DUSSAQ.

POST-SCRIPTUM

Il convient d'ajouter à ce que nous avons dit des tarifs douaniers cubains, dont par suite de l'établissement du cabotage les produits étrangers sont seuls à supporter le poids, que lors de leur établissement, le Ministre d'outre-mer, alors en fonctions, S. E. M. Moret et Prender-gast, crut devoir déclarer publiquement aux Cortès en les présentant à leur approbation, qu'en vertu de leur énormité, ils seraient absurdes [1] s'ils n'étaient forcément transitoires, et que leur seule justification était dans les besoins extraordinaires que créaient au Trésor les frais de la répression de l'insurrection cubaine alors dans toute son intensité. Il sera aisé de retrouver cette déclaration dans le compte rendu des séances des Cortès espa-gnoles de cette époque, ce qui n'empêcha pas que peu de temps après ils ne fussent augmentés de 25 pour cent.

Or, non seulement ils ont été maintenus avec cette surcharge jusqu'à ce jour, c'est-à-dire bien au delà de la

---

[1] Nous garantissons l'exactitude de cette épithète.

durée de l'insurrection, qui a pris fin en 1878, mais leur perception a subi une série de changements que nous allons indiquer et qui justifient encore plus, si c'est possible, la qualification qu'en faisait M. le Ministre d'outre-mer.

Par suite des avances en numéraire faites au Gouvernement par la Banque espagnole de la Havane pour subvenir aux frais de l'insurrection, avances qui, dans la suite des temps, ont absorbé la totalité de son capital de garantie, les billets de cet établissement subissent depuis bien des années une dépréciation considérable; au moment de la mise en vigueur des tarifs, cette dépréciation était déjà de trente à quarante pour cent, et néanmoins les billets de banque étaient reçus pour leur valeur nominale en paiement des droits de douane; plus tard, leur valeur diminuant toujours, ils ne furent plus admis que pour la moitié de ces droits, l'autre moitié devant être payée en or; puis dix pour cent seulement purent être acquittés en papier, jusqu'à ce qu'enfin, vers 1884, l'or seul fût admis, comme c'est encore le cas aujourd'hui.

On voit aisément quelles augmentations successives comportaient ces changements. Il est également évident que par suite de l'admission en paiement des droits de douane des billets de banque dépréciés, les tarifs, au moment même où le Ministre d'outre-mer les déclarait absurdes et excessifs, représentaient à peu près la moitié de ce qu'ils représentent aujourd'hui... Quel qualificatif faudrait-il leur appliquer maintenant, surtout si l'on se rappelle que les droits de consommation, dont nous avons donné le tableau à la page 10, les ont plus que triplés pour certains articles ?

Afin de ne pas rendre ce rapport interminable, nous ne nous appesantirons pas sur la confusion que jette dans la marche régulière des affaires une semblable instabilité des bases de calculs qui les déterminent; le seul fait de leur possibilité, avec toutes ces entraves, est un sujet d'étonnement pour quiconque réfléchit un peu, et il faut que les ressources et la vitalité de ces pays soient vraiment inépuisables pour qu'ils résistent si longtemps à un pareil système d'administration, du désarroi duquel les lignes qui précèdent ne donnent encore qu'une idée incomplète.

M. DUSSAQ.

On reçoit à l'instant à la Havane le projet de budget pour 1890-91 soumis aux Cortès par S. E. M. Becerra, ministre d'outre-mer. Ce projet contient une augmentation de 20 0/0 de tous les tarifs douaniers ! ! !

M. D.

A N N E X E N° 1.

—

LETTRE

du Président du Comité consultatif du Commerce français à la Havane à M. le Consul général de France.

———

La Havane, 12 juin 1889.

MONSIEUR LE CONSUL GÉNÉRAL,

J'ai l'honneur de vous remettre, ainsi que vous m'en avez témoigné le désir, quelques exemplaires du mémoire que j'ai adressé au général Salamanca, en mon nom personnel et pour la défense d'intérêts particuliers dont il ne saurait être question ici.

Il n'est pas moins facile d'en déduire des observations utiles en faveur des intérêts généraux du commerce français de la Havane, et c'est à ce titre que je me permets d'appeler votre bienveillante attention sur les faits indéniables que j'ai énoncés.

Le genièvre, sur lequel se base mon argumentation, n'a été choisi que parce que le chiffre de ses importations autrefois était plus propre que celui de tout autre produit à frapper l'esprit d'un fonctionnaire espagnol ; mais, outre que cet article pourrait, sous un régime plus équitable, se fabriquer parfaitement en France, tous nos autres spiritueux français sont frappés de la même façon par ce droit de consommation que la Junte générale du commerce de la Havane a déclaré odieux dans tous les cas et immoral, injuste et anti-économique, ici, par la manière spéciale dont il fonctionne. (Mémoire présenté le 15 octobre 1884 à M. le Gouverneur général de l'île de Cuba, par la Junte générale du commerce de la Havane.)

Les archives de notre Comité vous permettront de constater que le Consulat général de France a déjà été saisi de cette importante question ; mais je dois vous faire observer que les faits que nous lui signalions alors ont été considérablement aggravés par suite d'une augmentation ultérieure énorme des droits d'exception contre lesquels nous protestions, augmentation à laquelle le Ministre d'outre-mer a eu recours à la dernière heure pour niveler son budget, en se basant sur des évaluations dont les faits se sont chargés de démontrer l'inanité.

Votre prédécesseur a transmis nos observations à M. le Ministre des affaires étrangères, bien qu'aucun document ne nous permette d'affirmer le fait ni de fixer l'époque.

Le Ministère aurait, paraît-il, répondu que les spiritueux espagnols péninsulaires étant frappés du droit de consommation au même titre que les nôtres, il n'y avait pas lieu de demander que ceux-ci en fussent dégrevés, en même temps qu'il ne voyait dans le traité aucune clause sur laquelle pût être basée une réclamation semblable.

Il m'est impossible, Monsieur le Consul général, d'admettre cette doctrine sans quelques réserves. Si une mesure est reconnue injuste, son extension ne saurait la justifier, et en dehors des traités et même au-dessus d'eux sont les droits imprescriptibles de l'équité; or, l'équité est violée dans le cas qui nous occupe, ainsi que l'a puissamment démontré la Junte générale du commerce.

Mais, sans nous égarer sur les hauteurs de la philosophie, nous observons que le traité franco-espagnol garantit à nos nationaux et à leurs produits les mêmes avantages qu'aux produits et aux nationaux espagnols, et, réciproquement, ceux-ci jouissent du même traitement en France.

Or, l'Administration espagnole ne saurait arguer de ce que ses produits nationaux péninsulaires sont frappés du même droit pour repousser notre réclamation, attendu que les mêmes produits fabriqués dans l'île, qui ne sont et ne sauraient être à ses yeux moins nationaux que ceux qui proviennent de la péninsule, en sont absolument exempts.

La création de ce droit n'a obéi et ne pouvait obéir à des vues de protection provinciale, et la seule raison de l'anomalie dont nous nous plaignons est, comme je le fais remarquer au général Salamanca, que lors de son établissement on n'a pas prévu — parce que tous les spiritueux étaient importés à cette époque — le fait auquel il devait donner lieu et qui a été l'implantation libre dans le pays de l'industrie des liqueurs, — si l'on peut donner ce nom aux affreux mélanges qu'elle élabore — implantation qui a ruiné du même coup l'importation de ces mêmes articles d'Espagne et de l'Étranger, au détriment des finances espagnoles qui, comme le législateur était loin de le prévoir, ont vu tarir la source des énormes recettes qu'elles réalisaient autrefois de ce chef.

La réponse de M. le Ministre des affaires étrangères me suggère encore une observation. S'il est vrai que les droits de consommation sont communs aux spiritueux espagnols et étrangers, le régime auquel ces marchandises sont soumises par ailleurs est loin d'être le même.

Une loi, qui remonte déjà à huit ans, a établi la suppression des droits d'importation sur les produits péninsulaires, par diminution d'un dixième; cette loi aura reçu son complément d'exécution en 1891. Or, si l'on tient compte de ce que les tarifs d'importation ont été établis avec un droit différentiel que l'Espagne jugeait alors suffisant à assurer largement la protection de ses industries nationales, il semblerait que pour rester dans les mêmes termes les droits dont étaient frappés les produits étrangers auraient dû être diminués proportionnellement à la diminution des autres; or, il n'en a rien été, et si quelque modification s'est produite, c'est en sens inverse, de telle sorte que la différence entre la situation faite respectivement aux marchandises des deux provenances, de simplement protectrice qu'elle était, est devenue prohibitrice aujourd'hui, pour ainsi dire, comme le démontrent la diminution considérable des importations de produits français et la disparition des maisons françaises qui y trouvaient, il y a quelques années encore, un important élément d'affaires.

Il serait peut-être bon de faire encore observer à qui de droit que ces tarifs excessifs sont une véritable prime à la falsification, dont vous avez vous-même pu constater l'extension dans le pays ; or, sans prétendre que l'administration espagnole ait le devoir de nous en défendre, nous pouvons demander avec raison qu'elle ne la suscite pas.

Je crois avoir suffisamment démontré par ce qui précède que l'Espagne est ainsi loin d'être restée dans l'esprit des traités.

Voilà, Monsieur le Consul général, les quelques considérations que je serais heureux de vous voir appuyer de votre autorité auprès de M. le Gouverneur général de l'île de Cuba, auprès de MM. les Ministres du commerce et des affaires étrangères, et enfin auprès de notre ambassadeur à Madrid, si toutefois j'ai eu l'heur de vous faire partager la conviction qui m'anime.

Le moment ne saurait être plus opportun, puisque de nouveaux tarifs douaniers pour l'île sont soumis à l'étude de M. le général Salamanca, qui ne saura se refuser à prendre en considération les observations que vous permet de lui adresser votre haute compétence.

La question se résume à ceci, au triple point de vue de l'équité, de l'esprit des traités et des convenances des finances espagnoles : suppression du droit de consommation ou son application à tous les spiritueux, sans distinction d'origine.

Veuillez agréer, Monsieur le Consul général, l'assurance de ma respectueuse considération.

DUSSAQ.

ANNEXE Nº 2.

—

MÉMOIRE

présenté par **M. M. DUSSAQ** à Son Excellence le Gouverneur
général de l'île de Cuba.

———

Excellence,

Pendant de longues années, le genièvre a été un des
articles d'importation dont les droits d'entrée ont rapporté
le plus au Trésor.

L'on recevait à la Havane et dans les autres ports de
l'île plusieurs marques, telles que *la Cloche, la Clef,
l'Ancre, le Globe, la Couronne, l'Étoile, le Soleil, le
Tonneau,* etc., etc., qui formaient, entres toutes, un
nombre de trois cent cinquante à quatre cent mille
dames-jeannes par an.

Le transport se faisait par navires à voiles, et la ligne
d'Anvers était une de celles qui offraient le plus d'éléments
à la marine marchande espagnole, et en même temps
donnait à notre port un mouvement considérable, et pro-
curait du travail à un grand nombre de journaliers sur
nos quais.

Les droits d'entrée que de ce chef percevait l'État,
dépassaient chaque année un million de piastres, comme

il serait facile de le prouver, en examinant les registres des douanes.

Le genièvre payait alors les droits signalés par la partie II du tarif.

La gêne du Trésor public l'obligea à chercher de nouvelles ressources, et le genièvre parut être l'article qui permettait de les obtenir le plus aisément et il fut décidé de les élever de la partie II du tarif à la partie IV, sans que cette augmentation considérable produisît une diminution sensible dans les importations de l'article.

Mais cette augmentation constituait déjà une limite qu'il eût été prudent de ne pas dépasser.

Ainsi ne l'ont pas compris les fonctionnaires chargés de veiller aux intérêts de l'État, car, peu de temps après, un budget postérieur surchargeait de nouveau les boissons, et entre elles le genièvre, d'une énorme augmentation en établissant le droit de consommation.

Comme toutes les boissons que l'on consommait alors dans le pays, provenaient d'Espagne ou de l'Étranger, ces droits ne s'appliquaient qu'à elles; sans que l'on songeât que de cette manière on créait un puissant motif à ce qu'il s'établît une concurrence locale libre, qui pouvait rendre vains, comme cela s'est produit, les efforts faits par l'État pour augmenter ses ressources.

L'effet du droit de consommation, si inconsidérément appliqué, ne tarda pas à se faire sentir. Aussitôt se sont établies, dans le pays, de nombreuses fabriques de genièvre et de liqueurs qui n'ont à payer aucun droit en dehors d'une insignifiante patente; et quoique leurs produits soient inférieurs, et même dangereux, comme cela a été démontré souvent, ils pouvaient se vendre avec une telle différence de prix sur ceux des articles similaires importés, que la vente de ces derniers a été en diminuant graduellement dans des proportions considérables.

L'établissement du droit de consommation a été si improductif pour l'État, que dans un projet de budget remis par l'Intendant général des finances à M. le Ministre d'outre-mer, il était dit : « Que puisque, malgré » l'augmentation des droits sur les boissons, les recettes » de la douane n'avaient pas augmenté en proportion sur » ces articles, il convenait de rétablir les droits antérieurs, » attendu que ce défaut d'augmentation des recettes » indiquait une diminution du trafic, sans bénéfice pour » l'État et au préjudice du pays. »

D'un autre côté, l'injustice qui résultait de l'établissement du droit de consommation sur les boissons importées, alors que les boissons de fabrication locale en étaient exemptes, ne pouvait manquer d'impressionner l'opinion publique, et c'est ainsi que la Junte générale de commerce présentait à Son Excellence le Gouverneur général, à la date du 15 octobre 1884, un lumineux rapport où elle faisait observer « qu'un droit de consomma- » tion devait être général sur les articles similaires et » que si les boissons fabriquées dans le pays ne l'acquit- » taient pas, celles qui étaient importées ne devaient pas » l'acquitter davantage ;

» Que si l'industrie locale devait être protégée, cette

» protection était largement assurée par les droits d'im-
» portation proprement dits fixés par les tarifs, droits
» qui, dans le cas du genièvre, représentaient plus de cent
» pour cent du coût de l'article dans le pays producteur ;
  » Que beaucoup de ces boissons provenaient de la
» péninsule et que la protection ne pouvait s'exercer en
» bénéfice d'une province de la monarchie avec détri-
» ment des autres ; et qu'enfin, dans l'impossibilité de
» demander comme Junte générale du commerce de la
» Havane que l'on surchargeât une industrie du pays, la
» justice l'obligeait à réclamer l'abolition du droit de con-
» sommation sur les boissons importées. »

Les manifestations de la Junte générale de commerce restèrent sans résultat, bien qu'un léger examen en eût justifié l'exactitude.

Toutes les marques susmentionnées, à l'exception d'une seule, grâce à son ancienne faveur sur place, avaient disparu, l'importation de genièvre avait diminué de plus de 75 pour cent, et pour peu que l'on eût étudié le tableau comparatif des importations, l'on aurait remarqué la grave erreur économique commise.

Malheureusement il n'en fut pas ainsi, et l'année dernière, au contraire, le droit de consommation fut élevé de nouveau à partir du 1er juillet, et, cette fois, dans des proportions inconnues jusqu'à ce jour.

Ce fut la fin, et si l'on examine les registres de la douane, l'on verra que les importations de genièvre qui, autrefois, s'élevaient à 400,000 dames-jeannes par an, ont atteint seulement depuis le 1er juillet de l'année dernière jusqu'à ce jour, c'est-à-dire en un peu moins d'une année, 6,500 dames-jeannes!!

Le million de piastres que percevait le Trésor s'est réduit à 27,105 piastres.

Tel est le résultat du droit de consommation dans la forme où il est établi!!

Une dame-jeanne de genièvre coûte, à Anvers, $ 1 50.
Elle paie ici les droits suivants :

Importation. . . . . $ 1 77
Droits de consommation. . . . . $ 2 40
$ 4 17

C'est-à-dire près de 300 pour cent de son coût originel.

Nous passons sous silence les droits de port, qui surchargent encore les marchandises importées.

Maintenant, que l'on nous permette deux mots sur la protection que doivent tous les gouvernements à leurs industries, et l'on verra si c'est ici le cas de l'invoquer.

Ainsi que l'a démontré la Junte générale de commerce dans le rapport mentionné plus haut, le droit d'importation, qui, dans le cas du genièvre, représente plus de cent pour cent dans son coût originel, est largement suffisant à protéger toute industrie ayant en soi quelque élément de vie, et si elle ne peut se développer avec cet avantage et a besoin au contraire, pour cela, qu'un droit prohibitif frappe l'article qu'elle veut concurrencer, c'est une industrie factice, artificielle et qui, comme telle, ne mérite aucune protection, car elle tournerait au préjudice du pays et, loin d'être avantageuse, serait onéreuse pour tout le monde.

Outre l'injustice qui ressort de ce droit d'exception sur les produits étrangers, injustice contre laquelle ont protesté déjà divers consuls, en invoquant l'esprit des traités, elle est encore plus flagrante si, comme je l'ai indiqué, l'on observe que ce droit grève des produits nationaux tels que l'*ojen*, l'*anisado*, l'*aguardiente de Islas*, etc., etc., et il suffira d'appeler sur ces faits l'attention éclairée de Votre Excellence pour qu'une sembable anomalie disparaisse, en rectifiant du même coup la grossière erreur économique que comporte la situation actuelle.

Dieu garde Votre Excellence.

M. DUSSAQ.

La Havane, 15 avril 1889.

A N N E X E

TARIF B

convenu pour les marchandises françaises à leur entrée en Espagne,
selon le traité de 1882.

NUMÉRO du TARIF		UNITÉS	DROITS — PESETAS
»	Carreaux, briques et tuiles ordinaires pour construction..	100 kᵒˢ.	0 06
9	Verres creux ordinaires............	id.	6 50
10	Cristal et verres cristallisés...........................	id.	34 67
11	Verre et cristal en feuilles.....	id.	16 01
12	Verre et cristal étamés et verres de lunettes et de montres.	id.	69 34
14	Faïence et terre vernissée fine........................	id.	26 58
15	Porcelaine..	id.	37 50
21	Fonte en ouvrages communs...........................	id.	6 14
22	Fonte en ouvrages fins, soit ouvrages polis, émaillés, ou avec ornements en autres métaux.....................	id.	11 82
29	Fer et acier en ouvrages communs, quand même ils seraient recouverts de plomb, étain ou zinc peints ou vernis, et tubes recouverts d'une feuille de cuivre jaune.	id.	19 84
30	Fer et acier en ouvrages fins, soit ouvrages polis, émaillés et avec ornements d'autres métaux et ouvrages en acier, non spécifiés dans le tarif...........................	id.	21 09
33	Fer-blanc ouvré......................................	id.	50 97
41	Cuivre et laiton en planches, et clous et fils de cuivre. ...	id.	33 19
42	Cuivre et laiton en tuyaux, grandes pièces non finies telles que fonds de chaudières et de poêlons, etc.............	id.	46 28
43	Fils de laiton.......................................	id.	20 63
45	Cuivre et laiton ouvrés et tous les alliages de métaux communs dans lesquels entre le cuivre, y compris les objets de quincaillerie..............................	id.	86 68

N° 3.

DROITS DE DOUANE

sur les mêmes marchandises à leur entrée à Cuba,
suivant l'Arancel (1).

NUMÉRO du TARIF cubain		UNITÉS	DROITS — PESETAS
126	Carreaux ordinaires............................	100 kos.	1 20
127	Carreaux pressés...............................	id.	3 42
126	Briques.......................................	id.	1 20
129	Tuiles..	id.	1 50
145	Verres creux ordinaires........................	id.	7 75
152	Cristal et verres cristallisés.................	id.	43 50
146	Verre et cristal en feuilles, jusqu'à 600 pouces carrés.....	id.	19 »
147	— — de 600 à 1,000 pouces carrés...	id.	25 25
148	— — de 1,000 et au-dessus.........	id.	37 75
149	Verres étamés sans cadre, payeront par les parties qui précèdent, et surchargés de....................	id.	50 0/0
156	Verres de lunettes et de montres................	kilog.	15 76
131	Terre vernissée fine..........................	100 kos.	7 75
134	Faïence.......................................	id.	15 75
135	Porcelaine blanche............................	id.	37 75
136	— dorée et décorée.....................	kilog.	1 57
137	— de Sèvres...........................	id.	2 17
295	Fonte en ouvrages-communs......................	100 kos.	7 75
296	Fonte en ouvrages polis, émaillés, ou avec ornements en autres métaux....................	id.	21 »
306	Fer et acier en ouvrages communs recouverts de plomb, étain ou d'une feuille de métal, etc., etc..............	id.	78 25
355	Fer-blanc ouvré................................	id.	65 25
288	Cuivre en planches.............................	id.	54 75
289	Clous et fils de laiton........................	id.	65 25
290	Cuivre en tuyaux...............................	id.	132 »
289	Fils de laiton.................................	id.	65 25
290	Cuivre et laiton ouvrés et tous les alliages de métaux communs dans lesquels entre le cuivre, y compris les objets de quincaillerie.....................	id.	132 »

(1) Tous les droits indiqués dans ce tableau sont surchargés, en outre, de 25 0/0.

NUMÉRO du TARIF		UNITÉS	DROITS — PESETAS
46	Les mêmes métaux, alliages et objets en articles dorés, argentés, nickelés ou vernis..........................	100 k^{os}.	216 70
50	Zinc ouvré....................................	id.	23 69
92	Paraffine, stéarine, cires et blanc de baleine en masses ...	id.	21 »
93	Les mêmes matières ouvrées..........................	id.	33 91
94	Parfumeries et essences..........................	kilog.	1 74
	Tissus de coton serrés, unis, écrus, blancs ou teints en pièces, et mouchoirs présentant en chaine et en trame dans l'espace de 6 millimètres carrés :		
100	25 fils au moins..........................	id.	1 54
101	26 fils et plus..........................	id.	1 74
	Tissus imprimés, ainsi que les tissus croisés ou façonnés présentant en chaine et en trame dans l'espace de 6 millimètres carrés :		
102	25 fils au moins..........................	id.	2 40
103	26 fils et plus..........................	id.	2 49
104	Tissus clairs, tels que mousselines, batistes, linons, organdis et gazes de toutes sortes..........................	id.	2 24
105	Piqués et ouatés..........................	id.	2 12
106	Pannes, velours et autres tissus doubles pour habillements.	id.	2 49
107	Tulles..........................	id.	4 18
108	Crochets de toutes formes..........................	id.	2 36
109	Dentelles de toute autre sorte que le crochet..........	id.	5 41
110	Tricots en pièces, chemisettes et et pantalons..........	id.	1 97
111	Les mêmes, en bas, chaussettes, gants et autres objets....	id.	2 54
119	Tissus de lin ou chanvre uni : jusqu'à 10 fils inclusivement.	id.	0 87
120	— de 11 à 24 fils..............	id.	2 17
121	— de 25 et au-dessus..........	id.	3 85
122	Tissus croisés et façonnés..........................	id.	1 83
123	Tissus dentelles..........................	id.	12 50
124	Tissus tricots..........................	id.	4 58
125	Tissus tapis..........................	id.	0 25

NUMÉRO du TARIF. cubain		UNITÉS	DROITS — PESETAS
	Les mêmes métaux, alliages et objets en articles dorés, argentés, nickelés ou vernis.........................		
355	Zinc ouvré..	100 k⁰ˢ.	65 25
533	Stéarine...	id.	65 25
	Les mêmes matières ouvrées...		
255	Parfumerie liquide ou solide, huiles, pommades, etc.....	kilog.	0 91
256	Essences...	id.	0 58
257	Parfumerie fine..................................	id.	1 68
379	Tissus de coton blancs, écrus, teints, etc., jusqu'à 10 fils..	100 k⁰ˢ.	75 »
380	— — — de 11 à 16 fils..	id.	105 »
381	— — — de 17 à 22 fils..	kilog.	1 75
382	Tissus imprimés, etc., jusqu'à 12 fils..................	100 k⁰ˢ.	150 »
383	— — de 13 à 16 fils..................	id.	157 50
384	— — de 17 à 19 fils..................	kilog.	2 52
385	— — de 20 à 22 fils..................	id.	3 25
386	Tissus clairs, batistes, mousseline, linons, organdis :		
	Jusqu'à 8 fils.................................	100 k⁰ˢ.	175 »
387	De 9 à 12 fils...............................	id.	300 »
388	De 13 à 16 —...............................	id.	500 »
389	De 17 à 22 —...............................	kilog.	6 »
390	De 23 à 28 —...............................	id.	7 50
391	De 29 à 34 —...............................	id.	10 »
392	35 et plus...................................	id.	12 50
400	Piqués...	id.	5 »
405	Pannes, velours, etc.............................	id.	3 »
395	Tulles blancs ou couleur jusqu'à 5 fils...............	id.	5 »
396	— — de 6 et plus..................	id.	15 »
233	Crochet (mercerie)..............................	avaluo.	29 0/0
397	Dentelles.......................................	kilog.	4 50
443	Tricots en pièces, chemisettes et pantalons..............	id.	2 50
403	Bas, chaussettes, gants et autres objets................	100 k⁰ˢ.	650 »
428	Tissus de lin ou de chanvre, jusqu'à 10 fils............	id.	75 »
429	— — de 11 à 16 fils.............	id.	150 »
430	— — de 17 et plus..............	kilog.	2 50
442	Tissus croisés et façonnés........................	100 k⁰ˢ.	300 »
445	Tissus dentelles................................	avaluo.	29 0/0
400	Tissus tricots..................................	kilog.	5 »
406	Tissus tapis....................................	id.	3 62

NUMÉRO du TARIF		UNITÉS	DROITS — PESETAS
	Tissus de laine		
133	Tissus tapis de laine..............................	100 k^{os}.	102 93
134	— feutres..............................	kilog.	0 60
135	— couvertures	id.	1 79
136	Draps et tous autres tissus du genre de draperie en laine pure..............................	id.	4 30
137	Draps et tous autres tissus du genre de draperie en laine mélangée de coton..............................	id.	2 60
138	Autres tissus de laine pure..............................	id.	3 50
139	Autres tissus mélangés de coton..............................	id.	2 17
140	Tricots de laine pure ou mélangés de coton..............................	id.	3 47
	Tissus de soie.		
145	Tissus unis et croisés..............................	kilog.	10 »
146	Velours et peluches	id.	12 »
147	Tissus de filoselle, bourre de soie, soie grège et bourre de soie mélangée de soie..............................	id.	5 »
148	Tulles et dentelles de soie ou bourre de soie	id.	7 »
149	Tricots de soie ou de bourre de soie..............................	id.	10 »
	Velours et peluches de soie avec toute la chaîne ou la trame en coton..............................	id.	8 »
	Autres tissus de soie avec toute la chaîne ou la trame en coton..............................	id.	4 »
	Tissus de soie avec la chaîne ou la trame en laine........	id.	5 »
151	Papier à écrire, à lithographier et à estamper.............	100 k^{os}.	27 50
152	Papier coupé fait à la main, rayé et papier carte	id.	49 76
154	Livres reliés ou non et autres imprimés en langue étrangère·	id.	10 »
155	Gravures, cartes et dessins..............................	kilog.	1 25
156	Papiers de tentures, imprimés sur fond naturel..........	100 k^{os}.	23 84
157	— — sur fond mat et lustré.....	id.	43 34
158	— avec or, argent, verre ou laine	id.	130 02
160	Papiers non dénommés..............................	id.	30 »
168	Bois communs, ouvrés en toute sorte d'objets sculptés ou non, peints ou vernis, et les baguettes vernies ou préparées pour être dorées..............................	id.	18 75
169	Bois fins en meubles ou autres objets sculptés, polis et vernis et ceux plaqués en bois fins ou garnis d'autres étoffes que de soies et baguettes dorées..............	id.	33 75

NUMÉRO du TARIF cubain		UNITÉS	DROITS — PESETAS
469	Feutres	100 kos.	62 50
467	Couvertures	id.	145 »
470	Draperie laine	kilog.	4 25
471	Draperie mélangée	id.	2 05
459	Autres tissus de laine pure, jusqu'à 10 fils	id.	3 62
460	— de 11 à 16 fils	id.	6 52
461	— de 17 à 20 fils	id.	8 70
462	— de 21 et plus	id.	13 05
465	— mélangés de coton	id.	5 »
467	Tricots de laine pure	100 kos.	145 »
468	— mélangés de coton	id.	102 50
501	Soie unie et croisée	kilog.	34 67
507	Velours	id.	78 80
503	Tissus de filoselle, etc., etc.	id.	16 33
511	Tulles et dentelles de soie, etc.	id.	126 09
512	Tricots de soie	avaluo.	29 0/0
237	Papier à écrire, etc., etc.	100 kos.	65 25
237	— Même droit plus 50 0/0.		
250	Livres reliés ou non et autres imprimés en langue étrangère.	avaluo.	29 0/0
253	Gravures, cartes et dessins	kilog.	2 17
246	Papiers de tentures, sur fond naturel	id.	0 58
247	— sur fond mat et lustré	id.	1 16
247	— avec or, argent, verre ou laine	id.	1 16
96	Bois communs, ouvrés en toute sorte d'objets sculptés ou non, peints ou vernis, et les baguettes vernies ou préparées pour être dorées	id.	1 20
99	Bois fins, en meubles ou autres objets sculptés, polis, vernis, et ceux plaqués en bois fins, on garnis d'autres étoffes que de soies et baguettes dorées	id.	2 90

NUMÉRO du TARIF		UNITÉS	DROITS — PESETAS
170	Les mêmes bois en objets dorés, avec marqueterie et moulures de métal ou garnis de tissus de soie..........	100 kos.	102 65
184	Peaux vernies, et peaux de veau tannées.................	kilog.	2 50
185	Peaux tannées et autres...............................	id.	1 25
188	Gants de peau..	id.	18 33
189	Chaussures...	id.	5 67
190	Articles de sellerie et de bourrellerie..................	id.	2 17
191	Autres articles en peau ou couverts de peau.............	id.	4 58
192	Plumes de parures brutes et ouvrées....................	id.	9 17
198	Pianos...	pièce.	174 14
221	Beurre...	100 kos.	52 50
249	Vins mousseux y compris le contenant..................	hectol.	5 »
250	— autres fûts compris.............................	id.	2 »
253	Conserves alimentaires, viandes fourrées de toutes sortes, moutardes et sauces...............................	kilog.	0 92
255	Confitures...	id.	0 87
260	Parures et ornements de toutes sortes autres que ceux en or et en argent......................................	id.	6 »
265	Boutons de toutes sortes autres que ceux en or et en argent.	id.	0 50
276	Jeux et jouets autres que ceux en écaille, en ivoire, en nacre, en or ou argent...............................	id.	1 30
277	Parapluies et ombrelles montées en soie................	pièce.	1 25
278	Parapluies en toutes autres étoffes.....................	id.	0 75
279	Passementerie en soie.................................	kilog.	7 50
280	— en laine..........................	id.	2 50
281	— autre.............................	id.	2 »
283	Chapeaux et bonnets de paille........	id.	12 50
284	Chapeaux de toute autre matière.......................	pièce.	1 83
285	Bonnets de toute autre matière........................	id.	0 92
286	Chapeaux et bonnets montés et garnis..................	id.	6 87

NUMÉRO du TARIF cubain		UNITÉS	DROITS — PESETAS
99	Les mêmes bois en objets dorés, avec marqueterie et moulures de métal ou garnis de tissus de soie.........	kilog.	2 90
166	Peaux vernies et peaux de veau tannées................	100 kos.	390 »
162	Peaux tannées et autres............................	id.	90 »
178	Gants de peau....................................	kilog.	21 75
173	Chaussures......................................	12 paires.	9 »
175	Articles de sellerie et de bourrellerie................	kilog.	0 96
176	Autres articles en peau ou couverts de peau...........	id.	2 »
233	Plumes de parures brutes et ouvrées.................	avaluo.	29 0/0
227	Pianos..	pièce.	290 »
228	— à queue....................................	id.	507 50
53	Beurre..	100 kos.	40 »
15	Vins mousseux, etc................................	hectol.	120 75
12	— blancs et rouges en fûts.......................	id.	10 »
13	— en bouteilles.................................	id.	41 75
14	— blancs et rouges supérieurs en fûts..............	id.	41 75
21	Viandes fourrées..................................	100 kos.	75 »
50	Moutardes et sauces en conserves...................	id.	63 »
31	Confitures.......................................	id.	40 »
233	Parures et ornements de toutes sortes autres que ceux en or et en argent..................................	avaluo.	29 0/0
234	Boutons de toutes sortes autres que ceux en or et en argent.	kilog.	6 52
233	Jeux et jouets autres que ceux en écaille, ivoire, nacre, or ou argent......................................	avaluo.	29 0/0
524	Parapluies soie ou mélangés de soie..................	douz.	34 80
525	Ombrelles — — —	id.	52 20
418	Parapluies de coton et ombrelles....................	id.	6 »
498	Passementerie en soie.............................	kilog.	11 60
498	— en laine...................	id.	11 60
498	— autre.....................	id.	11 60
274	Chapeaux de paille { de 4 à 6 pailles, carré de 6 millimètres.	douz.	14 40
	de 6 et plus....................	id.	43 20
277	— de toute autre matière ordinaire...............	id.	7 20
278	— fins, castor, soie, etc........................	id.	32 40

RENSEIGNEMENTS

fournis par M. BRIDAT.

En vue des explications claires et précises du rapport qui précède et qui, nous croyons, est appelé à fixer l'attention d'une manière toute spéciale, nous nous bornerons strictement à donner d'une façon aussi concise que possible les informations nécessaires relatives à la navigation et qui, à notre avis, pourront être de quelque utilité dans le cas où un nouveau traité franco-espagnol serait conclu.

Nous nous occuperons tout d'abord de la question des subventions données à la navigation et qui, selon nous, sont d'une très grande importance.

Considérant l'appui qu'actuellement toutes les puissances maritimes donnent à leur marine marchande, sous différentes formes, il n'est pas possible que la nation française, qui a d'aussi grands intérêts maritimes et commerciaux à défendre, ne cherche pas tous les moyens en son pouvoir à aider à leur développement, soit par des subventions directes, soit par des primes spéciales, contribuant ainsi à la croissance d'une puissante marine qui, non seulement lui servirait à augmenter sa prospérité en étendant son commerce et son influence à l'étranger, mais encore pourrait à un moment donné lui être d'un grand secours pour la défense de son territoire.

Il suffit pour cela de jeter un coup d'œil sur le développement de la marine marchande espagnole, non seulement comme nombre, mais encore comme tonnage et vitesse de ses navires pour se rendre compte et se convaincre de l'utilité de subventionner ou d'aider les compagnies offrant les conditions nécessaires de stabilité.

Dans les trois dernières années, la Compagnie transatlantique espagnole (anciennement A. Lopez et Cie) a établi les lignes suivantes :

Une ligne de Vera-Cruz à New-York, qui effectue trois voyages mensuels, faisant escale à La Havane, Progreso et Tampico. Il est très probable que sous peu cette ligne sera hebdomadaire.

Une ligne de Liverpool, Havre, Santander, La Corogne et Vigo, touchant à Puerto-Rico et la Havane ainsi que dans plusieurs ports du Venezuela, Colon et Puerto-Limon, retournant directement de Colon aux mêmes ports d'Europe en passant par Puerto-Rico.

Une ligne de la Havane à Colon, *via* Santiago de Cuba, touchant dans plusieurs ports du Venezuela et de la Colombie et revenant à la Havane en faisant les mêmes escales.

Une ligne de Barcelone à Buenos-Ayres et Montevideo, faisant actuellement trois voyages par an; mais s'il n'en est déjà ainsi, cette ligne aura un départ mensuel. Les vapeurs desservant cette ligne sont de grande marche.

Une ligne de la Havane à Puerto-Rico, avec escales dans plusieurs ports de l'île de Cuba.

Sa ligne directe d'Espagne à Cuba, qui antérieurement faisait deux voyages par mois, en fait trois maintenant et a été prolongée à Progreso et Vera-Cruz. Le service de cette ligne est fait par des paquebots de grande vitesse et construits avec tous les perfectionnements modernes, tels que le " *Reina-Maria-Christina* ", le " *Alfonso-XII* ", le " *Alfonso-XIII* ", le " *Montevideo* ", le " *Buenos-Ayres* " et autres.

En sus, elle a à l'étude plusieurs lignes pour l'Amérique centrale et le Pacifique.

Elle a amélioré d'une manière sensible son service des îles Philippines, augmentant le nombre de ses voyages et de ses vapeurs.

Cette Compagnie a pu réaliser tous ces progrès et toutes ces améliorations, grâce non seulement aux fortes subventions de plus de 6,000,000 de francs par an, dont elle bénéficiera pendant 18 ans encore, mais principalement à cause des lois spéciales qui sont en vigueur entre la Péninsule et ses provinces d'outre-mer (anciennement Colonies) qui rendent prohibitif entre elles et l'Espagne tout commerce par pavillon étranger.

Sous la protection des dites lois, d'autres lignes telles que E. Pi et Cie de Barcelone, Pinillos de Cadix, et celles de Liverpool, Bandera Espanola, Serra et la Comgnie de navigation La Flecha, Larrinaga et Cie, ont pu également prospérer et monopoliser tout le fret entre l'Espagne et les îles de Cuba et Puerto-Rico, et *vice*

versa, tandis que les droits prohibitifs qui existent em-
pêchent que nos vapeurs puissent prendre les frets de la
péninsule et encore moins y transporter les principaux
produits antillans, tels que sucres, tafias, miels, etc., etc.
Le résultat de cette protection déclarée est que notre
pavillon disparaîtra de ces côtes dans un avenir assez
prochain, faute de pouvoir compter sur un fret de retour,
à moins que nous ne trouvions chez notre Gouvernement
un appui nécessaire.

Nous devons également appeler l'attention du Gouvernement sur les efforts des États-Unis pour arriver au
monopole du commerce des Amériques et la protection
décidée qu'ils commencent à donner à leur marine marchande qui augmente progressivement. Actuellement les
lignes américaines qui desservent l'île de Cuba ont le
monopole d'une grande partie des frets et font tous leurs
efforts pour arriver à le rendre absolu, travaillant à
obtenir de fortes subventions, qu'elles ne tarderont pas à
obtenir, étant appuyées par l'opinion publique.

Aujourd'hui, 75 pour cent, sinon 85 pour cent, du
trafic de cette île est au pouvoir de la marine marchande
américaine, la plus grande partie des sucres allant directement aux États-Unis et la presque totalité des autres
produits pour l'Europe, l'Amérique du Sud, etc., étant
expédiée par la voie de New-York en vue de la facilité de
transbordements dans ce port et dont les lignes allemandes
et anglaises ont le principal bénéfice, la ligne française de
New-York au Havre n'obtenant que peu de chose.

Si nous portons notre attention du côté de l'Allemagne,

nous voyons que cette nation protège chaque jour davantage sa marine marchande et que ses lignes desservant les Antilles ont augmenté considérablement. En ce moment, la Compagnie Hambourgeoise a une ligne entre Hambourg et la Havane, et pense établir un service bi-mensuel. Les Allemands se sont emparés d'une partie considérable du trafic des Antilles, et cela au détriment de notre marine marchande. Ne désirant pas nous étendre plus longuement sur cette partie de notre travail, nous nous bornerons à détailler le mouvement maritime des autres nations avec cette île. Nous croyons que ces données seront suffisantes pour démontrer la nécessité d'un appui à notre marine marchande, qui, pendant ces dernières années, ne s'est pas développée dans les mêmes proportions que celles des autres nations (comme par exemple celle de l'Espagne qui n'a pas les ressources de la nation française), et afin d'éviter que notre pavillon ne disparaisse de ces pays, ainsi que notre influence et nos produits, il faut que notre marine ait l'appui nécessaire, sous peine de voir le peu de commerce qui nous reste à la merci d'une autre nation plus favorisée. Du jour où notre pavillon disparaîtra de ces mers, l'importation de nos produits ne tardera pas à diminuer sensiblement.

Si nous passons à examiner les avantages obtenus par notre marine dans son trafic avec ces Antilles, depuis que le traité actuel entre la France et l'Espagne est en vigueur, nous voyons qu'ils sont relativement illusoires et insignifiants, comparés à ceux dont jouit la marine espagnole pour laquelle il n'y a pas de droits différentiels de pavillon, tandis que notre marine ne peut prendre part au trafic entre l'Espagne et ses possessions d'outre-mer. Au début de son application, notre commerce y a trouvé un avantage positif, qui lui a permis de recevoir directement les produits français par pavillon français, sans avoir à recourir aux lignes espagnoles de Liverpool, d'Anvers, etc., etc., profitant de la concurrence établie entre notre marine marchande et les lignes rivales espagnoles, qui jusque alors avaient eu le monopole du trafic français avec cette île. Un autre avantage plus grand encore de cette concurrence, pour notre commerce, a été la réduction des frets; du temps où le pavillon espagnol jouissait d'un privilège exclusif, les taux variaient de 70 à 100 francs : la concurrence les a mis à 35 et 40 francs, où ils sont encore.

Pendant les premiers mois de la mise en vigueur du traité, nos navires pouvaient prétendre à une part du trafic entre l'île de Cuba et l'Espagne, transportant quelques produits, tels que tabacs, tafias, etc., etc. ; mais, presque aussitôt, le gouvernement espagnol, avec son *habileté* habituelle, a commencé à élever des obstacles, afin de rendre prohibitif tout trafic entre Cuba et la péninsule, se prévalant de la loi de cabotage votée peu de mois après la conclusion du traité, et qui cependant n'est pas encore en vigueur et ne le sera qu'en juillet 1891 (ce qui est fort peu probable).

Cette loi ne s'applique, en réalité, que pour certains articles, tels que les sucres et les tafias (certainement les plus importants), les déclarant libres d'entrée ou ne leur imposant qu'un droit insignifiant par pavillon national et, par contre, leur imposant un droit très élevé par pavillon étranger; la surcharge sur les tafias est de 20 francs par fût et est encore plus considérable pour les sucres.

Un autre des résultats de la dite loi de cabotage est que les droits d'entrée sur les marchandises de provenance nationale sont graduellement diminués et n'existeront plus en juillet de l'année prochaine, tandis que les marchandises étrangères, qui ne paient en Espagne qu'un droit réduit d'entrée, continuent ici à payer les mêmes droits exorbitants qu'elles payaient avant la conclusion du traité. Il en résultera, et cela est déjà, que nos produits devront être importés en Espagne pour obtenir des lettres de nationalité et de là être réexpédiés comme produits espagnols, sous pavillon espagnol. Ce sera le coup de grâce pour notre commerce et notre marine. Notre commerce a diminué d'une manière alarmante depuis quelques années, non parce que la consommation a fait défaut, mais à cause des surcharges qui sont imposées à nos produits, à leur entrée à Cuba, surcharges qui ont permis à des produits très inférieurs aux nôtres de nous faire une concurrence ruineuse pour tous les articles.

Notre Gouvernement doit bien se rendre compte que si nous jouissons de quelques avantages, tels que l'égalité de pavillon pour l'importation des marchandises étrangères, ce n'est dû qu'à la clause spéciale d'être traités *comme la nation la plus favorisée,* et dont nous n'avons profité qu'en vertu de réclamations établies opportunément par les États-Unis et l'Allemagne, demandant certains privilèges que nos autorités se refusaient à leur accorder. Ces concessions obtenues par les dites nations, nous avons réclamé à notre tour, car sans cela le traité ne favorise en rien le commerce et la marine de la France dans ces Antilles. Nous ne pouvions demander l'application des articles 21 et 26 du traité, qui se réfèrent précisément aux avantages que se font les deux nations, l'article 30 spécifiant clairement que le traité n'a de force que pour l'Espagne, les îles voisines, les îles Canaries et les provinces espagnoles du Maroc; les provinces d'outre-mer ne participant donc en rien aux bénéfices du traité, laissant ainsi au Gouvernement espagnol la pleine liberté de donner une protection marquée à sa marine et à son commerce. Ici, on a toujours refusé à nos paquebots-poste les mêmes privilèges qu'aux courriers d'Espagne, car nous n'avons joui que des avantages concédés aux navires marchands des autres nations, et si depuis quelques années nous avons obtenu certaines concessions, ce n'est qu'à force de démarches répétées, faites par les agents des diverses lignes étrangères faisant un service régulier.

Nous sommes encore loin d'avoir les mêmes facilités que les courriers espagnols qui sont visités de nuit par la santé et mis en libre pratique à n'importe quelle heure du jour ou de la nuit. On leur accorde toutes les facilités possibles pour leur travail de nuit, les transbordements, etc., etc., et dans beaucoup de cas, on ne leur applique pas les règlements très sévères de notre douane, tandis que la marine étrangère n'y échappe jamais, se voyant créer toutes sortes d'obstacles pour obtenir la permission de travailler la nuit, etc., etc.

A notre avis, le commerce espagnol a été favorisé par le traité, mais il n'en est pas de même du nôtre avec cette île, et pour s'en convaincre, il n'y a qu'à noter la diminution importante qu'il y a eu depuis quelques années dans l'importation de certains articles.

Pour se rendre compte d'une des anomalies de la situation dans laquelle nous nous trouvons, nous ne citerons que la manière d'appliquer les tarifs douaniers, lorsqu'il s'agit de marchandises importées par nos navires.

Lorsque nos navires viennent d'un port de France ou de l'étranger, les marchandises importées sont considérées comme marchandises étrangères par pavillon espagnol, comme si elles venaient par navire espagnol; mais si nos navires viennent de ports espagnols, l'égalité de pavillon disparaît et les marchandises sont considérées comme produits espagnols par pavillon étranger, ne pouvant alors, sous aucun prétexte, avoir l'avantage de la première colonne de nos tarifs douaniers et, par conséquent, empêche l'emploi de notre marine pour le trafic entre l'Espagne et Cuba.

Nous ne doutons pas que ces données prouveront clairement la situation irrégulière où se trouve placée notre marine marchande dans ce pays-ci, et induiront notre gouvernement à lui obtenir plus d'avantages, qui ne feront que la placer sur le même pied que celles de l'Espagne et des États-Unis, qui ont pour le Mexique et l'Amérique du Sud des subventions et des facilités que nous n'avons pas. Nous croyons qu'en travaillant à la conclusion d'un nouveau traité, le Gouvernement doit essayer d'obtenir pour ces provinces les mêmes avantages que pour l'Espagne et ses îles voisines, ce qui sera une garantie pour l'avenir. Il faudra également tenir compte que le régime politique des Antilles a beaucoup changé depuis la conclusion du dernier traité; Cuba et Puerto-Rico, qui étaient alors considérées comme colonies, sont actuellement des provinces, et il n'est pas admissible que les dites provinces, que l'Espagne prétend assimiler à celles du continent, ne soient pas admises à participer à tous les avantages du nouveau traité qui pourrait être conclu.

BRIDAT.

La Havane, le 12 mars 1890.

Bordeaux. — Imp. G. GOUNOUILHOU, rue Guiraude, 1.

www.ingramcontent.com/pod-product-compliance
Lightning Source LLC
Chambersburg PA
CBHW061323060726
47596CB00003B/1052